Navegando pelo dicionário

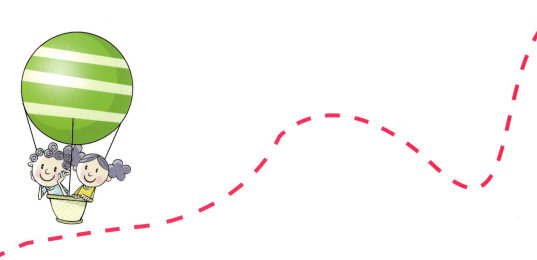

Douglas Tufano

Formado em Letras e Educação pela Universidade de São Paulo, é autor de vários livros didáticos e paradidáticos na área de literatura, língua portuguesa e história da arte, dentre os quais, *A carta de Pero Vaz de Caminha, Jean-Baptiste Debret, Gramática Fundamental, Moderno dicionário escolar, Navegando pela Língua Portuguesa* e *Navegando pela História do Livro,* todos publicados pela Editora Moderna.

1ª edição
São Paulo, 2008

DE ACORDO COM AS NOVAS NORMAS ORTOGRÁFICAS

MODERNA

© DOUGLAS TUFANO, 2008

COORDENAÇÃO EDITORIAL:	Lisabeth Bansi
PREPARAÇÃO DE TEXTO:	Sérgio Roberto Torres
COORDENAÇÃO DE PRODUÇÃO GRÁFICA:	Ricardo Postacchini, Dalva Fumiko N. Muramatsu
EDIÇÃO DE ARTE/PROJETO GRÁFICO:	Ricardo Postacchini
ILUSTRAÇÕES DE CAPA E MIOLO:	Gilmar, Fernandes
COORDENAÇÃO DE PESQUISA ICONOGRÁFICA:	Ana Lucia Soares
PESQUISA ICONOGRÁFICA:	Luciano Baneza Gabarron
DIAGRAMAÇÃO:	Camila Fiorenza Crispino
COORDENAÇÃO DE REVISÃO:	Elaine C. del Nero
REVISÃO:	Fernanda Almeida Umile
COORDENAÇÃO DE TRATAMENTO DE IMAGENS:	Américo Jesus
TRATAMENTO DE IMAGENS:	Evaldo de Almeida
SAÍDA DE FILMES:	Helio P. de Souza Filho, Marcio Hideyuki Kamoto
COORDENAÇÃO DE PRODUÇÃO INDUSTRIAL:	Wilson Aparecido Troque
IMPRESSÃO E ACABAMENTO:	A.S. Pereira Gráfica e Editora EIRELI
	LOTE: 801853 - Código: 12060312

Dados Internacionais de Catalogação na Publicação (CIP)
(Câmara Brasileira do Livro, SP, Brasil)

Tufano, Douglas
   Navegando pelo dicionário / Douglas Tufano. — 1. ed. — São Paulo : Moderna, 2008.

   ISBN 978-85-16-06031-2

   1. Português - Dicionários I. Título.

08-04412   CDD-469.3

Índices para catálogo sistemático:
1. Dicionários : Português   469.3

Reprodução proibida. Art.184 do Código Penal e Lei 9.610 de 19 de fevereiro de 1998.

Todos os direitos reservados
EDITORA MODERNA LTDA.
Rua Padre Adelino, 758 - Belenzinho
São Paulo - SP - Brasil - CEP 03303-904
Vendas e Atendimento: Tel. (0_ _11) 2790-1300
Fax (0_ _11) 2790-1501
www.modernaliteratura.com.br
2025
Impresso no Brasil

No mundo das palavras

Como se sente uma pessoa que ainda não sabe ler? Como ela vive?

Saber ler é importante porque nos permite compreender o mundo à nossa volta. Sabendo ler, compreendemos as mensagens e informações que estão nas placas, nos cartazes, nos livros, nas revistas – enfim, em todo lugar, porque na verdade estamos rodeados pelas palavras!

Quando ligamos o computador, abrimos um jornal, uma revista ou um livro, lá estão elas — as palavras. Estão por toda parte.

Por isso é muito importante aprender a ler e a escrever, pois assim podemos compreender as palavras, entender o que elas querem dizer.

Escrevendo um bilhete, um *e-mail*, um livro, uma poesia, podemos transmitir nossas ideias e sentimentos ou dialogar com outras pessoas. Quanto melhor soubermos lidar com as palavras, maior será nossa capacidade de comunicação.

Mas há tantas palavras que não conhecemos! Como saber o significado de cada uma delas? Já pensou como seria útil um livro que explicasse o significado das palavras?

Pois esse livro existe: é o DICIONÁRIO!

Você já manuseou algum dicionário? Sabe como encontrar as palavras que procura? É exatamente isso que vamos aprender aqui.

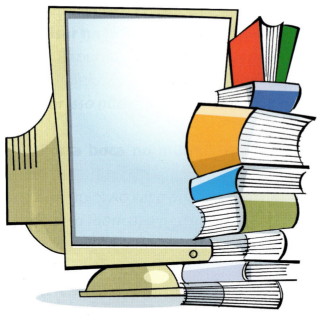

A família dos dicionários

Existem diferentes tipos de dicionário. Dicionários para crianças e dicionários para adultos. Com ilustrações ou sem ilustrações. Dicionários grandes, que pesam vários quilos. E dicionários pequenos, que podem caber num bolso ou numa pequena bolsa. Existem até dicionários eletrônicos, que você pode consultar na tela do computador.

Os dicionários podem explicar o significado de todas as palavras de uma língua! Mas não precisamos disso tudo, não é mesmo? Por isso há dicionários com uma quantidade variável de palavras — 3 mil, 5 mil, 20 mil. E há dicionários que explicam mais de 100 mil palavras! Já pensou? Os dicionários podem resolver qualquer dúvida dos leitores, sejam eles crianças ou adultos!

Os dicionários podem ser de vários tipos.

Página de dicionário eletrônico.

O verbete

A explicação do significado de uma palavra no dicionário recebe o nome de **verbete**. Mas o dicionário não só explica o significado das palavras como pode dar muitas outras informações sobre elas. Veja como exemplo o verbete seguinte:

nome do verbete	explicação do significado
especial es.pe.ci.al adj.	Diferente dos outros, fora do comum: *Hoje é o aniversário da escola, é um dia especial para alunos e professores.* Pl.: especiais.

Como você viu, além de explicar o significado da palavra **especial**, o verbete ainda:

- mostra como se faz a divisão silábica dessa palavra, destacando a sílaba tônica, isto é, a sílaba que deve ser pronunciada com mais força (***es.pe.ci.al***).
- indica a classe gramatical da palavra (***adj.*** = adjetivo).
- apresenta uma frase que serve de exemplo do uso da palavra. (***Hoje é o aniversário da escola, é um dia especial para alunos e professores.***)
- informa o plural da palavra (Pl.: especiais).

No dicionário, para economizar espaço, usam-se muitas abreviaturas. Veja as mais comuns:
adj. = adjetivo
adv. = advérbio
pl. = plural
s.f. = substantivo feminino
s.m. = substantivo masculino
v. = verbo

Viu quantas coisas podemos aprender lendo um verbete de dicionário? É por isso que é um livro muito especial. Ele nos ajuda a enriquecer o vocabulário e a conhecer cada vez melhor a língua portuguesa.

Desafio

Leia os verbetes a seguir e responda às questões apresentadas.

baile *bai.le* s.m. Reunião festiva em que as pessoas dançam: *Havia muita gente no baile da escola*.

a) Quantas sílabas tem a palavra **baile**?

b) Qual é a sílaba tônica dessa palavra?

c) Que frase de exemplo foi usada no verbete?

d) Crie outra frase de exemplo para esse verbete.

corajoso [ô] *co.ra.**jo**.so* adj. Valente, destemido, que não tem medo: *O corajoso bombeiro salvou a criança.* Pl.: corajosos [ó].

a) Quantas sílabas tem a palavra **corajoso**?

b) Onde está a informação sobre a pronúncia correta dessa palavra?

c) Essa palavra tem a mesma pronúncia no singular e no plural?

d) Crie uma outra frase como exemplo desse verbete.

Como achar uma palavra no dicionário?

Se um dicionário explica muitas palavras, como podemos achar a palavra que estamos procurando? Como saber em que página ela está? Será que é complicado?

Não, é muito fácil: basta conhecer a ordem alfabética, isto é, a ordem em que as letras aparecem no alfabeto:

A B C D E F G H I J **K** L M N O P Q R S T U V **W** X **Y** Z

As letras K (cá), W (dábliu) e y (ípsilon) são usadas em abreviaturas e em várias palavras e nomes de origem estrangeira muito comuns no Brasil.

Para achar uma palavra no dicionário, é só seguir a ordem alfabética, pois é nessa ordem que elas são apresentadas. Por exemplo: as palavras **a**migo, **b**ola, **c**asa e **d**edo estão em ordem alfabética, pois, considerando-se a letra inicial de cada uma, temos a - b - c - d.

Quando as palavras começam pela mesma letra, é a segunda letra de cada uma que vai determinar a ordem alfabética. Por exemplo: **fa**zenda vem antes de **fe**bre que vem antes de **fi**go, que vem antes de **fo**rça...

E quando as duas primeiras letras das palavras são iguais? Aí é a terceira que vai determinar a ordem alfabética. Por exemplo: **mal**a vem antes de **mam**ão, que vem antes de **man**to, que vem antes de **mat**o.

Quando as três primeiras letras das palavras são iguais, é a quarta letra que vai determinar a ordem alfabética, e assim por diante.

Desafio

Ponha em ordem alfabética as palavras a seguir:
- mistério – palhaço – rua – navio – queijo – onda
- casa – carinho – caverna – castelo – caminho – carroça
- perfil – perfume – perfeição – perfumoso – perfeito

Uma dica importante para você não se perder! Observe esta página de dicionário.

abecedário

A a

abecedário *a.be.ce.**dá**.rio* s.m. Alfabeto; conjunto de letras que usamos para escrever: *Os alunos sabem o abecedário de cor.*

abelhudo *a.be.**lhu**.do* adj. Intrometido, bisbilhoteiro: *esse menino é abelhudo, vive se metendo nas conversas dos outros.*

abreviatura *a.bre.vi.a.**tu**.ra* s.f. Representação de uma palavra por meio de algumas de suas letras: *adj. é a abreviatura de adjetivo.*

acabar *a.ca.**bar*** v. Terminar, finalizar: *vou acabar logo esse trabalho.*

adormecer *a.dor.me.**cer*** v. Pegar no sono: *ele adormeceu vendo televisão.*

Repare que os verbetes estão em ordem alfabética.

ambulância

ágil *á.gil* adj. Ligeiro, que se movimenta com facilidade e rapidez: *esse garoto é ágil, num instante subiu na árvore.* • Pl.: ágeis.

ajudar *a.ju.dar* v. Auxiliar: *vou ajudar meu colega a limpar a sala.*

alegre *a.le.gre* adj. Contente, feliz: *fiquei alegre com essa notícia.*

amar *a.mar* v. Gostar muito: *ele ama sua família.*

ambulância *am.bu.lân.cia* s.f. Veículo especial para transporte de pessoas feridas ou doentes: *a ambulância levou o ferido ao hospital.*

Esse é um exemplo de página de dicionário. Veja que ela apresenta dez verbetes.

Para facilitar ainda mais a procura de um verbete, os dicionários apresentam, no alto de cada página, duas palavras de referência. A palavra da esquerda indica qual é o primeiro verbete, e a da direita indica qual é o último verbete da página. Respeitando a ordem alfabética, descobrimos se a palavra que procuramos se encaixa ou não entre essas duas palavras de referência.

Olhe de novo a página de dicionário reproduzida ao lado e observe as palavras de referência: **abecedário** e **ambulância**. Agora você já sabe a informação que elas dão ao leitor.

Observe agora a página de dicionário abaixo e responda às questões apresentadas no desafio1.

bazar   *bondoso*

B b

bazar *ba.zar* s.m. Loja onde se vendem brinquedos, enfeites, canetas, papéis etc.: *comprei cartolina naquele bazar*. • Pl.: *bazares*.

belo *be.lo* adj. Lindo, muito bonito: *vimos um belo pôr-do-sol na praia*.

benéfico *be.né.fi.co* adj. Que faz bem: *o clima desta região é benéfico à saúde*.

berrar *ber.rar* v. Gritar: *ele berrou pedindo ajuda*.

biblioteca *bi.bli.o.te.ca* s.f. Lugar especialmente preparado para guardar livros que podem ser lidos pelas pessoas: *vou retirar um livro na biblioteca da escola para ler em casa*.

biografia *bi.o.gra.fi.a* s.f. História da vida de uma pessoa: *li a biografia da escritora Cecília Meireles*.

bombom *bom.bom* s.m. Certo tipo de doce recheado: *comi um bombom de chocolate*. • Pl.: *bombons*.

bondoso [ô] *bon.do.so* adj. Que pratica a bondade, que é bom: *ele é um homem bondoso, está sempre ajudando os outros*. • Pl.: *bondosos* [ó]. Fem. *bondosa* [ó].

14

Desafio 1

a) Que palavras de referência foram usadas nessa página?

b) Quantos adjetivos foram explicados nessa página?

c) Se quisesse encaixar a palavra **beleza** nessa página, ela deveria entrar depois de que palavra?

d) A palavra **bravo** poderia ser encaixada nessa página? Por quê?

Atenção ao procurar estas palavras

Nem todas as palavras estão registradas nos dicionários. Por exemplo, substantivos e adjetivos são sempre registrados no singular e na forma masculina. Por exemplo: se você estiver procurando o substantivo "aluna", deverá procurar o verbete "aluno". Se quiser achar o adjetivo "bonitas", deverá procurar "bonito".

Os dicionários também não registram os diminutivos e aumentativos mais comuns. Para saber o significado de "caderninho", "escolinha", "estrelinha", "livrão" e "carrão", devemos procurar pela forma normal dessas palavras: caderno, escola, estrela, livro, carro.

Outra dica importante: as formas conjugadas dos verbos não estão no dicionário, que só registra a forma do infinitivo. Por isso, se procurar a forma "cantamos", você não vai achá-la; deve procurar a forma "cantar"; para saber o que significa "vencemos", deve procurar o verbete "vencer"; e assim por diante.

Desafio 2

Se quiser achar as palavras a seguir em um dicionário, como você deve procurá-las?

belas	feras	pastéis
vulcões	carrinho	jardins
fazemos	estudei	brincava

Palavras com mais de um significado

Quando uma palavra tem mais de um significado, o dicionário também nos dá essa informação. Veja:

pista *pis*.ta s.f. **1.** Marca ou sinal que pode levar a uma descoberta: *A polícia encontrou pistas do ladrão.* **2.** Parte de uma estrada ou de uma rua reservada à passagem de veículos: *O guarda rodoviário observa os carros que passam na pista.* **3.** Parte do aeroporto onde os aviões pousam ou de onde decolam: *O avião está na pista, ainda não decolou.* **4.** Parte de um salão reservada às pessoas que querem dançar: *Quando a música começou, muita gente foi para a pista dançar.*

O verbete "pista" apresenta quatro significados. Para organizar e facilitar a leitura, os significados são numerados. E para cada significado, há uma explicação e geralmente uma frase de exemplo. Todos os dicionários fazem assim; por isso, é fácil perceber quando uma palavra tem ou não mais de um significado.

Desafio

Leia este verbete:

mandar *man.dar* v.
1. Ordenar, exigir que seja feito: *Ele mandou o pessoal sair da sala.*
2. Enviar: *Vou mandar um cartão-postal aos meus colegas de escola.*

a) Quantos significados de mandar aparecem nesse verbete?

b) Crie outras frases para exemplificar cada um dos significados.

Os sinônimos e os antônimos

Num verbete de dicionário, você pode encontrar um ou mais sinônimos da palavra que está procurando. **Sinônimo** é uma palavra que tem um significado muito parecido com o de outra. Por exemplo:

Corajoso *co.ra.jo.so* adj. Valente: *O bombeiro enfrentou as chamas para salvar a criança; ele foi muito corajoso.*

Veja outros exemplos de sinônimos:

belo	bonito
contente	alegre
terminar	acabar
começar	iniciar

Desafio

Procure em um dicionário sinônimos para as palavras sublinhadas:

resposta correta
professor jovem
bolo gostoso
sujeito maluco

Muitos dicionários registram também o antônimo das palavras. **Antônimo** é uma palavra que tem significado contrário ao de outra. Observe este verbete:

Aparecer *a.pa.re.cer* v. Surgir: *O Sol está aparecendo atrás da montanha*. Ant.: desaparecer.

Veja outros exemplos de antônimos:

começar — terminar
entrar — sair
ganhar — perder
alto — baixo

Podemos formar o antônimo de muitas palavras colocando **des**, **im** ou **in** no começo delas. Veja:

obedecer — **des**obedecer
ordem — **des**ordem
animado — **des**animado
contente — **des**contente

feliz — **in**feliz
completo — **in**completo
possível — **im**possível
perfeito — **im**perfeito

Desafio

Procure no dicionário um antônimo para as seguintes palavras:

agradável   comum
arrumado   disciplina
pentear   existente
tampar   delicado

A linguagem figurada

O dicionário também pode nos ajudar a descobrir outros significados para as palavras. Você já ouviu falar de linguagem figurada? Então vamos examinar as frases abaixo:

O homem ficou muito bravo!

O homem ficou uma fera!

Quando dizemos que o homem ficou uma "fera", é claro que não queremos dizer que ele se transformou realmente numa fera... Falamos assim para dizer que ele ficou tão bravo que "parecia" uma fera. Nesse caso, a palavra "fera" está sendo usada num sentido especial, referindo-se a um ser humano e não a um animal irracional.

Quando usamos palavras ou expressões com significado especial, fora do uso comum, dizemos que se trata de **linguagem figurada**.

Um dicionário também pode registrar muitos casos de linguagem figurada. Exemplo:

chutar *chu.tar* v. **1.** Dar uma pancada com o pé: *Ele chutou a bola.* **2.** fig. Tentativa de acertar uma resposta ao acaso, sem nenhuma certeza: *Como não conhecia aquele assunto, na hora do teste ele chutou as respostas.*

Lendo o verbete **chutar** você percebeu que ele apresenta dois significados e um deles, o número 2, é um caso de linguagem figurada, que aparece indicada pela abreviatura *Fig*.

A linguagem figurada está presente em muitas expressões curiosas da nossa língua, registradas pela maioria dos dicionários. Você provavelmente conhece muitas delas. Veja um exemplo:

cotovelo *co.to.ve.lo* s.m. **1.** Articulação que une o braço e o antebraço: *Bati o cotovelo na porta*. **2.** fig. **Falar pelos cotovelos**: falar demais: *Esse menino fala pelos cotovelos, nunca fica em silêncio*.

"Falar pelos cotovelos" é uma expressão popular que se usa para dizer que alguém é muito tagarela, não para de falar. Observe que, nesse caso, se trata de linguagem figurada, pois, na verdade, ninguém fala pelos cotovelos, não é mesmo?

Pisar na bola: falhar com alguém, não cumprir o prometido.
Exemplo: *Ele pisou na bola comigo; por isso não somos mais amigos.*

Pôr a boca no mundo: reclamar muito.
Exemplo: *Ao ver a poluição provocada pela fábrica, o pessoal do bairro pôs a boca no mundo.*

A vaca foi pro brejo: as coisas não deram certo.
Exemplo: *O plano que eles bolaram não funcionou, e a vaca foi pro brejo.*

Chorar de barriga cheia: reclamar sem motivo, pois já conseguiu o que queria.
Exemplo: *Você já ganhou os presentes que queria; portanto pare de chorar de barriga cheia.*

Dar o braço a torcer: reconhecer um erro ou uma derrota.
Exemplo: *Ele sabe que não tem razão nesse caso, mas mesmo assim não quer dar o braço a torcer.*

Cair como um patinho: ser totalmente enganado.
Exemplo: *Ele caiu como um patinho naquela armadilha.*

Ficar de olho: vigiar, tomar conta.
Exemplo: *O homem estava com uma atitude estranha, por isso o guarda ficou de olho nele.*

Dar as caras: aparecer.
Exemplo: *Faz muito tempo que ele não dá as caras por aqui.*

Ficar de queixo caído: ficar muito admirado.
Exemplo: *Quando viu o lindo espetáculo apresentado pelos alunos, ele ficou de queixo caído.*

Cara de quem comeu e não gostou: aparência que expressa irritação ou mau-humor.
Exemplo: *Seus planos não deram certo e ele chegou em casa com cara de quem comeu e não gostou.*

Estar frito: estar numa situação muito complicada.
Exemplo: *Ele fez o que não devia e agora está frito; não tem como escapar.*

A história das palavras nos dicionários

Um dos dicionários mais interessantes que existem é o dicionário **etimológico**. É um dicionário especial porque ele explica a origem das palavras.

A palavra **etimológico** vem de etimologia, que significa estudo da origem das palavras.

Conhecer a história das palavras para saber como elas surgiram pode ser divertido, porque muitas delas têm origens bem interessantes. Vamos ver alguns exemplos.

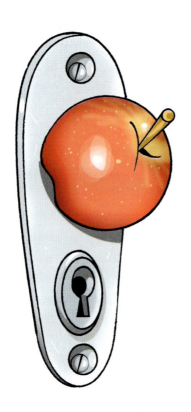

Maçaneta

Todo mundo sabe o que é uma maçaneta, não é mesmo? Mas o que pouca gente sabe é que essa palavra vem de maçã! É isso mesmo. Maçaneta significa maçã pequena. Sabe por quê? Porque, nos tempos antigos, as primeiras maçanetas se pareciam muito com uma maçãzinha; por isso ganharam esse nome.

Raquete

Quando jogamos pingue-pongue ou tênis, é como se jogássemos com uma mão bem grande, não é mesmo? Pois a palavra raquete, de fato, tem a ver com mão. Sua origem é muito antiga, ela veio da palavra francesa *raquette*, que, por sua vez, veio de uma palavra árabe que significa exatamente "mão" ou "palma da mão". Quando usamos uma raquete, na verdade, é como se aumentássemos nossa mão para bater na bola.

Cometa

Você sabe o que é um cometa? É um astro que vive circulando pelo céu e de vez em quando pode ser visto aqui da Terra. Ele parece uma bola voando a uma grande velocidade e arrastando uma espécie de cauda brilhante. Os antigos gregos, observando um cometa, acharam que essa cauda parecia uma extensa cabeleira e, por isso, deram-lhe o nome **kometes**, que significa "que tem cabeleira ou cabelo comprido". Para os gregos o cometa era um astro cabeludo...

Hipopótamo

Os antigos gregos levaram um susto quando viram um hipopótamo pela primeira vez. Que bicho enorme! Para eles parecia um cavalo que vivia dentro do rio. Por isso, não tiveram dúvida na hora de chamar esse animal de hipopótamo! Sabe por quê? Porque, em grego, essa palavra significa isso mesmo: "cavalo do rio". A palavra hipopótamo é formada de **hipo** (cavalo) + **potamo** (rio).

Guri

Os índios davam o nome guri ao filhote de um peixe chamado bagre. Portanto, para eles, um bagre novinho era um guri. E como suas crianças também eram filhotes, os índios passaram a chamá-las carinhosamente de guris. Essa palavra entrou na língua portuguesa e é usada até hoje, principalmente na região Sul do Brasil, como sinônimo de garoto, menino, criança. O feminino de guri é guria.

Vírgula

A vírgula é aquele sinalzinho que usamos na escrita e que você já conhece muito bem. Essa palavra vem do latim e, se você observar bem a forma da vírgula, logo vai descobrir por que esse sinal recebeu esse nome. Você reparou que a vírgula parece uma varinha curvada? Pois é exatamente isso que a palavra vírgula significava, na origem: "pequena varinha". Tem nome mais apropriado para esse sinalzinho? Claro que não!

Asterisco

Você já deve ter encontrado muitas vezes o asterisco. Ele é este sinalzinho: *. Serve para chamar a nossa atenção durante a leitura. Quando encontramos um asterisco, logo olhamos no pé da página porque lá deve haver alguma observação. O asterisco tem a forma de uma estrelinha, não é mesmo? Pois foi por isso que ele recebeu esse nome: asterisco vem do latim e significa "pequena estrela".

Espaguete

Aposto que você também gosta de comer um belo prato de espaguete! É uma delícia! E você já reparou que um prato de espaguete parece um monte de barbantinhos com molho em cima? Aí é que está a origem dessa palavra. Ela vem do italiano e significa "barbantinho". Os italianos viram que esse tipo de massa parecia um barbantinho e deram a ela esse nome.

29

Atlas

Sabe por que os livros de mapas e informações geográficas são chamados atlas? Pois essa é outra história interessante. Os gregos antigos inventaram muitas histórias de deuses, super-heróis, vilões, monstros. O Atlas era um gigante que ousou desafiar os deuses. Como castigo, o coitado foi condenado a sustentar os céus em seus ombros. Muito tempo depois, quando os pimeiros livros de mapas foram produzidos, na Europa, desenhava-se na capa a figura de Atlas segurando o globo terrestre nos ombros. Isso indicava ao leitor que aquele livro trazia informações sobre o planeta Terra, reproduzia mapas, falava das montanhas, dos mares etc. Por esse motivo, esse tipo de livro passou a ser chamado atlas.

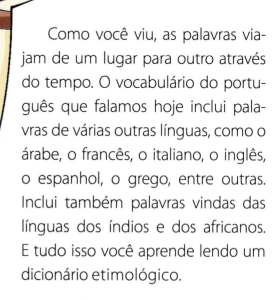

Como você viu, as palavras viajam de um lugar para outro através do tempo. O vocabulário do português que falamos hoje inclui palavras de várias outras línguas, como o árabe, o francês, o italiano, o inglês, o espanhol, o grego, entre outras. Inclui também palavras vindas das línguas dos índios e dos africanos. E tudo isso você aprende lendo um dicionário etimológico.

Aprendendo ortografia com o dicionário

O dicionário também tem uma função importante: ele nos ensina a escrita correta das palavras.

Quando você tiver dúvidas sobre o modo de escrever uma palavra, não tenha preguiça e consulte o dicionário. Ele vai ajudá-lo a resolver rapidamente sua dúvida. É só observar com atenção como a palavra está registrada.

As dificuldades mais comuns são aquelas que envolvem as letras que têm a mesma pronúncia em certas palavras. Por exemplo:

SS / C - pa**ss**ear - a**c**idente
SS / Ç - a**ss**ado - cabe**ç**a
S / Z - ca**s**a - a**z**ul
Z / X - a**z**arado - e**x**ame
S / C - **s**inal - ci**ú**me
L / U - so**l**tar - po**u**sar
X / CH - me**x**er - a**ch**ar
J / G - **j**eito / **g**eleia

Desafio

É com **j** ou com **g**?
.....entil, ...emada
a.....eitar, a .....ente, a....ir

É com **ss** ou com **c**?
a....inatura, fa.....ilidade
mo.....idade, po....ível, va....ina

É com **s** ou com **z**?
ca....amento, fa.... er, va..... io
va....inho, vi... inho

É com **x** ou com **ch**?
fe....ado, pu...ar, ...aveiro
en... ergar, fai..... a

Agora, consulte um dicionário e veja se suas respostas estão certas.

Fim da viagem

E assim vamos chegando ao fim de nossa viagem pelo mundo dos dicionários. Viu quanta coisa interessante você aprendeu? Os dicionários são nossos grandes amigos. Com a ajuda deles, você vai enriquecer bastante o seu vocabulário, vai se tornar um bom leitor e será capaz de expressar suas ideias cada vez melhor.

E, como último desafio, que tal convidar seus colegas para, juntos, criarem um dicionário só de vocês? Pode ser um dicionário de brincadeiras, um dicionário de animais ou um outro tema que vocês preferirem. Sigam as informações que aprenderam neste livro: verbetes em ordem alfabética, abreviaturas, frases de exemplo etc. Se fizerem ilustrações coloridas, o dicionário então ficará uma beleza! Não é uma boa ideia? Então, mãos à obra!